PASA LA
PÁGINA SI
ESTÁS LISTO
PARA
EMPEZAR A
DESTRUIR
ESTE LIBRO.

VOLTEAR LA PÁGINA

Las reseñas son el alma de todos los autores. Tómese un minuto para dejarnos una reseña. Escanee el código QR y lo llevará a nuestra página de autor.

Síganos:

Arte y diseño por Color Doe Smile

support@colordoesmile.com

Algunas de las actividades que encontrará en este libro pueden no ser apropiadas para niños sin supervisión.

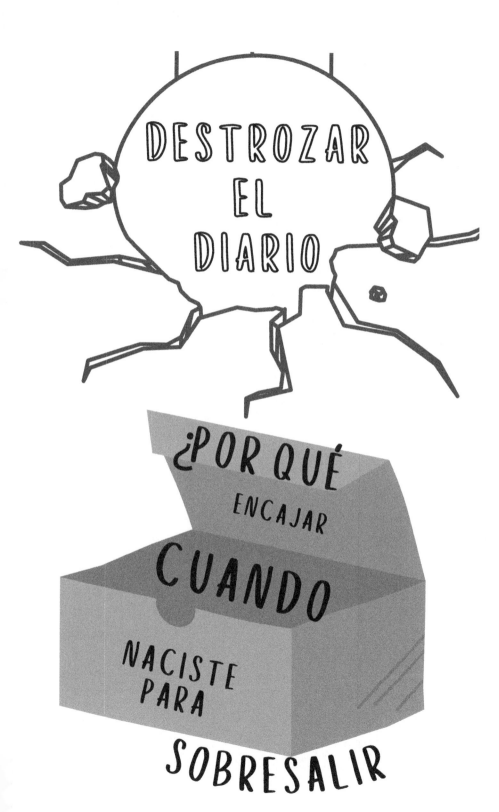

INFORMACIÓN DE PERFIL

UNA FOTO TUYA
RECIENTE

¿CÓMO TE LLAMAS?

¿CUÁL ES TU APODO?

Si no tienes uno, ¿qué apodo te gustaría tener?

¿3 PALABRAS TE DESCRIBEN?

QUIEN ES LA PERSONA QUE MAS ADMIRAS?

NOMBRA 3 PERSONAS CON LAS QUE COMPARTIRÁS EL DIARIO

TU AUTÓGRAFO

¡ES HORA DE COMENZAR UNA AVENTURA!DONDE SEA QUE TE ENCUENTRES Y TENGAS EL DIARIO CONTIGO, SIMPLEMENTE COMIENZA A COMPLETAR ALGUNAS TAREAS.LO MÁS IMPORTANTE A TENER EN CUENTA ES DIVERTIRSE LO MÁS POSIBLE.

¡HAGÁMOSLO!

SUGERENCIAS

HE COMENZADO
ESTE DIARIO

DÍA

MES

AÑO

Aquí hay algunas sugerencias que podría seguir para completar el diario.

No hay una buena o mala manera de completar las tareas.

Deja volar tu imaginación y no te limites.

Puedes completar las tareas cuando quieras y en el momento deseado.

Cada tarea está abierta a interpretación. Solo tú decides cómo completarlo.

Más importante: ¡¡¡DIVIÉRTETE!!!

ALGUNAS COSAS QUE PODRÍAN AYUDARTE A COMPLETAR LAS TAREAS

espontaneidad

ideas

emociones

imprevisibilidad

frialdad

descuido

frescura

La creatividad es inventar, experimentar, crecer, correr riesgos, romper reglas, cometer errores y divertirse.

Mary Lou Cook

CUBRA ESTA PÁGINA CON CINTA ADHESIVA

Tipos de uso de cintas adhesivas: de conductos, eléctricas, de embalaje, scotch, de enmascarar. Intente dibujar en ellos los usos de la cinta adhesiva.

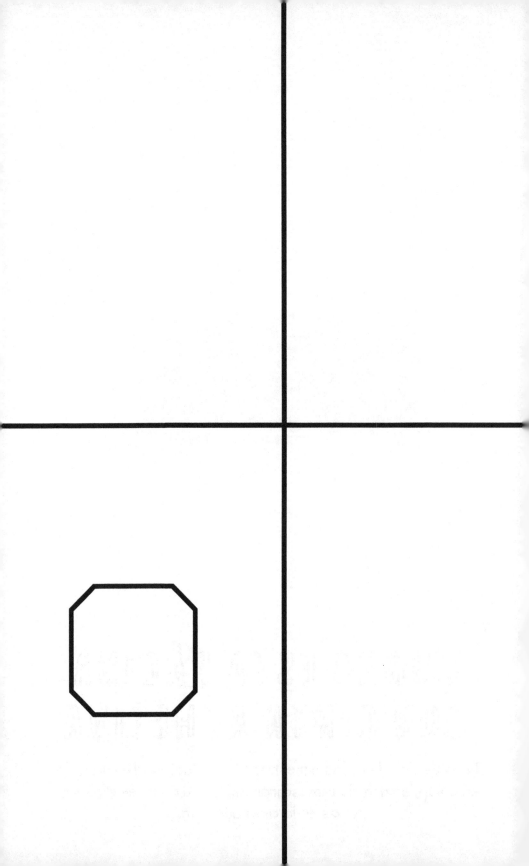

DIVISIÓN DE COLORES

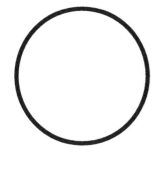

Use para cada espacio un color diferente, pero para cada color use al menos 3 tipos de matices.

PEGUE EL SOBRE AQUÍ Y
LUEGO SÉLLELO.
ESCRIBE LA FECHA EN
QUE PEGASTE EL SOBRE
Y LA FECHA EN QUE TE
GUSTARÍA ABRIRLO.

MENSAJE PARA
EL FUTURO

Escriba en esta página una carta para usted en el futuro. Luego arranque la página, póngala en un sobre y siga las instrucciones.

UNA PÁGINA PARA
3 PALABRAS
QUE TE DESCRIBEN

Córtelos de revistas, periódicos, o dibújelos y coloréelos.

RECOGE ENVOLTORIOS
DE TUS 3 DULCES
FAVORITOS

COMIDA DE PERRO

Frote estas páginas con algo de comida para perros (comida seca o enlatada) y luego deje que su perro tome su comida.

Elija un tema propio y dibújelo con los ojos vendados.

DIBUJAR UN COCHE

ARTISTA CON LOS
OJOS VENDADOS

Consigue algo para taparte los ojos. Elige los instrumentos que utilizarás y lee el tema de cada página. Después de esto, cúbrase los ojos y deje que los ojos de su mente tomen el control.

¡A veces tenemos malos pensamientos y es bueno dejarlos
salir! Exprésalos aquí como quieras. El diario guardará tus
malos pensamientos.

DIBUJA UN MAPA DESDE TU CASA HASTA UNO DE TUS LUGARES FAVORITOS

CONSTRUCTOR DE FORMAS

Recorta estas formas y luego pégalas tratando de crear un objeto, una forma de algo. Colorea con diferentes colores el espacio libre recortado.

CONSPIRACIÓN ALIENÍGENA

¿Existen? Dedique estas páginas para su documentación.
(dibujos, artículos, fotografías)

TU PROPIO MÉTODO DE DESTRUCCIÓN

Date

OBRA DE ARTE CON EL CHICLE

Colecciona chicles mascados para tener una colección de arte. Califica cada chicle del 1 al 10 según el olor y el sabor. Escribe la fecha en que añadiste el chicle.

CUBRE ESTAS PÁGINAS CON NOTAS ADHESIVAS LLENAS DE MENSAJES DE TUS AMIGOS Y FAMILIARES.

PÁGINA DEL INSPECTOR

Reúna aquí evidencia de algo extraño que sucede en la escuela o en casa. ¿Hay algo de lo que sospeches?

CORTAR LETRAS

Redacta una carta a partir de secciones recortadas de revistas. Use letras, palabras e imágenes sueltas. Tú eliges el tema.

Escribe algunas palabras sobre cada amigo al que le hayas entregado una pregunta.

Amigo/Amiga ....

Amigo/Amiga ....

Amigo/Amiga ....

Amigo/Amiga ....

HAZ UNA PREGUNTA A TUS AMIGOS/AMIGAS

Write the question, cut it out and give it to your
friend so they can answer it.

Friend:..

Question:..

Answer:

Friend:..

Question:..

Answer:

Friend:..

Question:..

Answer:

Friend:..

Question:..

Answer:

Mensajes para tus amigos

Los amigos te compran comida. Los mejores amigos comen tu comida.

Un amigo llama a tu puerta pero tu mejor amigo entra a tu casa y comienza a comer.

Los verdaderos amigos no se juzgan unos a otros, juzgan a otras personas juntas.

Los amigos falsos nunca piden comida. Los verdaderos amigos son la razón por la que no tienes comida.

PORTADOR DE CORDONES

De los zapatos que ya no usas recoge los cordones y cubre la página con ellos. Encuentra una manera de llevar el diario con la ayuda de los cordones.

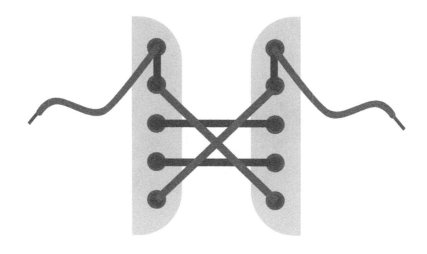

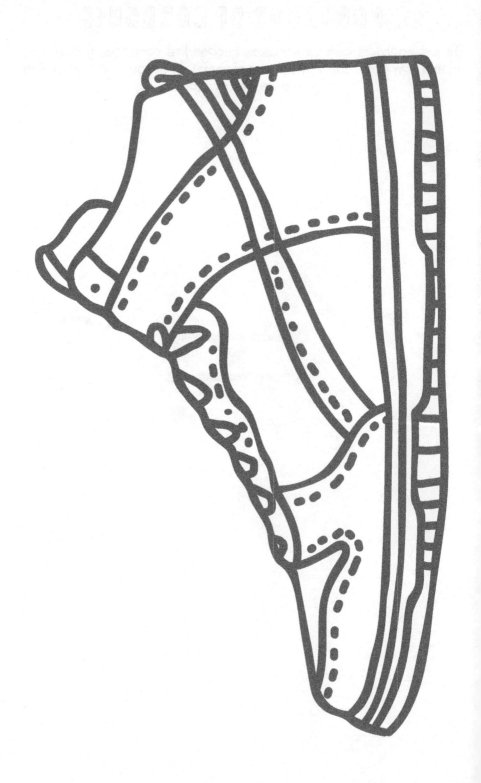

DISEÑADOR DE ZAPATILLAS

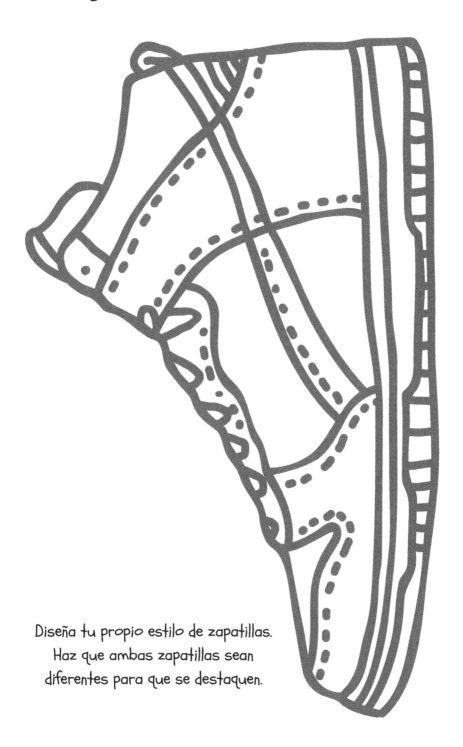

Diseña tu propio estilo de zapatillas.
Haz que ambas zapatillas sean
diferentes para que se destaquen.

PUENTE DE FÓSFOROS DE FUEGO

Pegue algunos fósforos y cree un puente entre las páginas. Luego muestra lo que ese puente está cruzando.

TU PROPIO MÉTODO DE DESTRUCCIÓN

Date _____

PAGINA DE COMICS
Crea tu propia escena de cómic.

ARTE DE PINCEL

Usando un pincel ancho crea una obra de arte abstracta

ALUNIZAJE

Imagina que acabas de aterrizar en la luna. ¿Qué crees que verás allí? Describa con palabras, dibujos o ambos.

PAGINAS FUTURE

¿Cómo crees que será el futuro?
¿Qué autos conduciremos, qué
comida comeremos, qué ropa
usaremos?

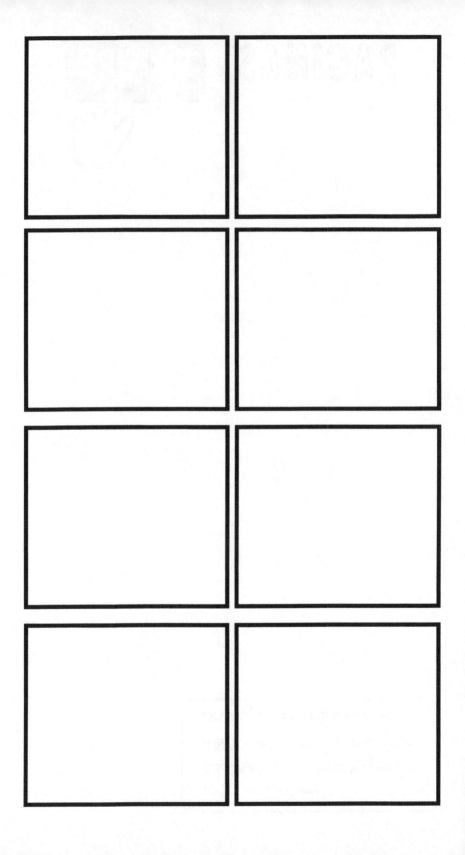

BOTÓN COLLECCIÓN

Cada vez que encuentre un botón, agréguelo a la colección. Escribe la fecha y de donde pertenece.

SEÑALES DE TRÁFICO

Recree algunas señales de tráfico familiares o cree
señales que crea que deberían estar en las carreteras.

PÁGINA DE TEST

Elige dos de los exámenes escolares que tomaste recientemente y luego pégalos aquí. Pueden ser buenos o malos resultados de las pruebas. Tu eliges.

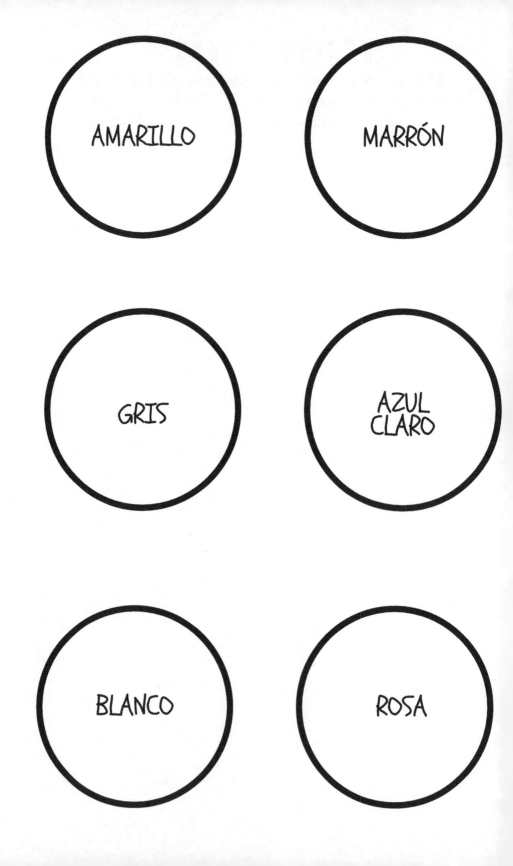

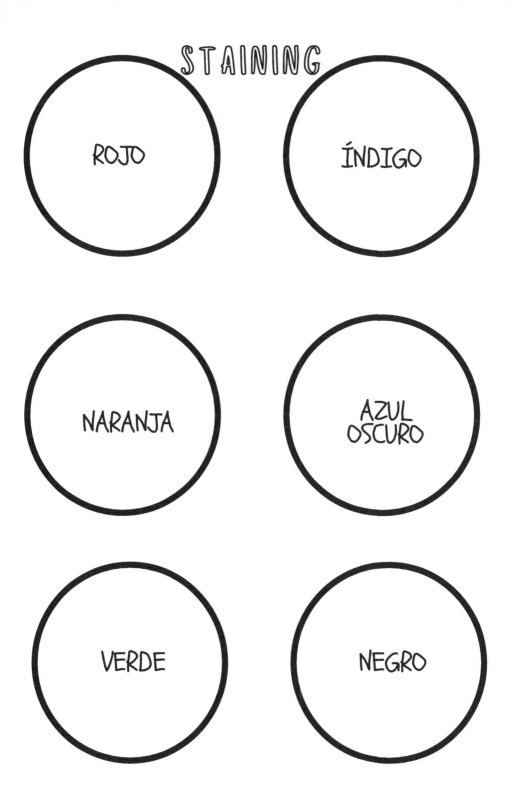

STAINING

ROJO

ÍNDIGO

NARANJA

AZUL OSCURO

VERDE

NEGRO

Nosotros te damos los colores, tú pones las manchas.

PÁGINA CON CREMALLERA

Esta tarea será un poco más desafiante.

En primer lugar, debe encontrar una cremallera que tenga una longitud de al menos la altura del libro (preferiblemente más larga).

Al menos 9 pulgadas/23 centímetros.

Pegue toda la parte posterior de la página

A todo el frente de la página

¡Déjalos secar!

Después de que los papeles pegados estén bien secos, corte el papel a través del boceto de la cremallera de la página 1.

Y ahora intente pegar cada lado de la cremallera, déjelo secar y luego abra y cierre la cremallera para ver si funciona.

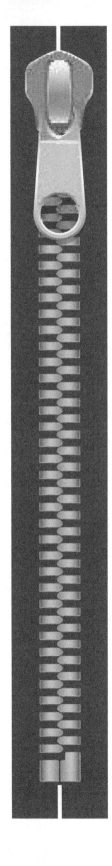

PEGA ESTE
LADO DE LA
PAGINA

A ESTE LADO DE LA PAGINA

②

DIBUJAR LÍNEAS

(líneas delgadas, gruesas, discontinuas, rectas, curvas)

TU PROPIO MÉTODO DE DESTRUCCIÓN

Date

DOBLAR LA PÁGINA

Comienza a doblar el papel de derecha a izquierda siguiendo las líneas. Tú eliges cómo doblas y si lo mantienes doblado.

MENÚ DEL RESTAURANTE

Comience en la página izquierda nombrando su restaurante
y luego comience a crear su menú ideal.

PÁGINA DE CONTRASTE

Encuentre una manera de crear una página de contraste.
Esto no se refiere específicamente al contraste de color,
también puede mostrar situaciones contrastantes.

PÁGINA DE LA NATURALEZA

Recoge aquí las cosas que encuentras mientras estás al aire libre. Algunas ideas serían hierba, hojas, insectos. Tú decides.

Dibuja, pinta o pega formas
desconocidas y haz que se mezclen.

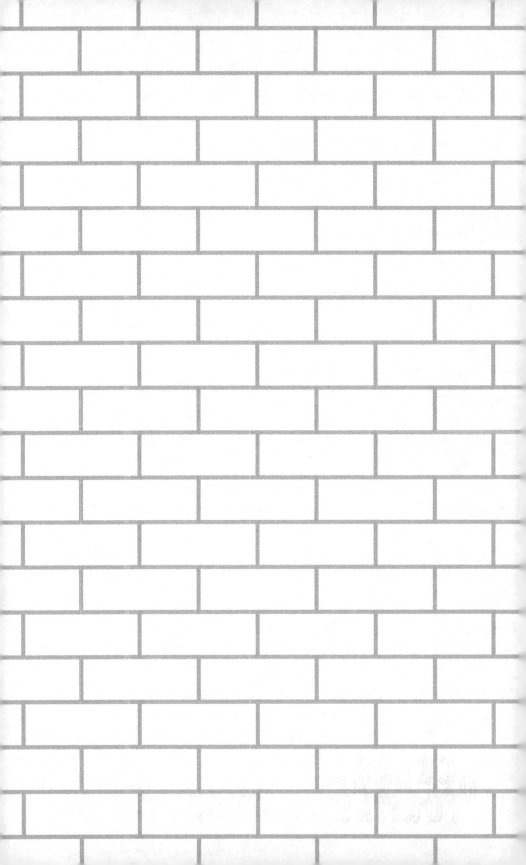

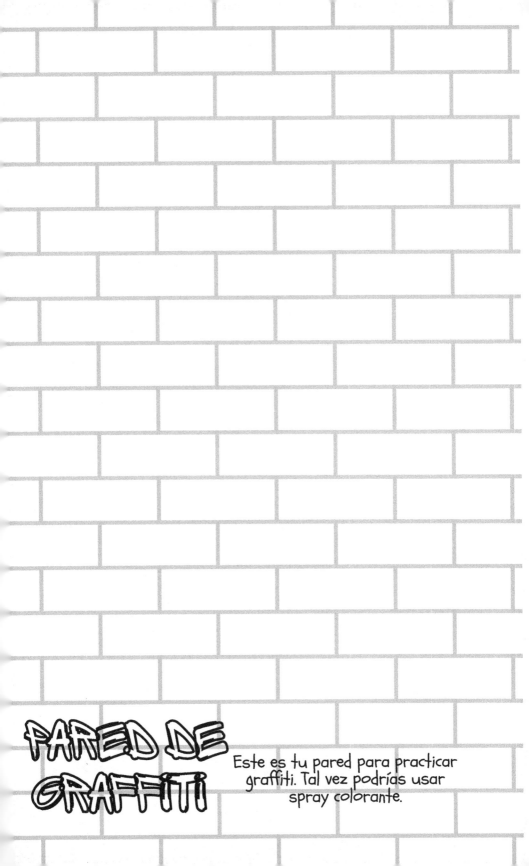

PARED DE GRAFFITI

Este es tu pared para practicar graffiti. Tal vez podrías usar spray colorante.

PÁGINA DE PATRÓNES

Encuentre una manera de crear
patrones con formas, objetos,
palabras o dibujos.

PAPELERA DE RECICLAJE

TU PROPIO MÉTODO DE DESTRUCCIÓN

Date

HUCHA

Recoge centavos dentro de la forma de la alcancía.
Encuentre una manera de hacer que permanezcan en su
lugar el mayor tiempo posible. Esta es una inversión.

CATÁLOGO DE CUPONES

Obtenga tantos tipos de cupones como sea
posible (comida, zapatos, ropa, viernes negro)

RECOGE LA PALABRA
"BEST"
Dibújalo, píntalo, recórtalo y pégalo aquí.

Reúne aquí todo tipo de risas (dibujadas, o pegadas)

PÁGINA DE LA RISA

PÁGINA DE INVIERNO

Haga que estas páginas formen parte de la actividad
de invierno. Si no es la temporada, improvisa.

Convence a tantas personas como puedas para que dejen su huella de beso en estas páginas. Tal vez tener lápiz labial a la mano podría ser útil.

PORTADA DE REVISTA

Elige un tema de interés y crea la
portada ideal para una revista.

EXTICO

¿Cuál es tu idea de lo exótico? Descríbelo, dibújalo, pégalo, tú eliges.

CUMPLEAÑOS
DESEOS

¿Existe el regalo perfecto?

TU PROPIO MÉTODO DE DESTRUCCIÓN

- -

- -

Date - - - - - - - -

LA HIERBA ES MÁS VERDE DESPUÉS DE LA LLUVIA... ESO DICEN

Después de que llueva, salga, coloque el libro boca abajo con estas páginas y luego pise el diario. Quitemos el verde de esa hierba.

DIBUJO PUNTO A PUNTO

Usando los puntos proporcionados en las páginas, cree
caras, paisajes, objetos conectando los puntos
(agregue puntos si es necesario).

COLECCIÓN DE EMOJIS

Consigue tantos emojis como puedas. Pégalos o dibújalos.

APROVECHA EL DÍA

Describe, dibuja o colorea lo que ves a tu alrededor. Ponle fecha a la página.

COLORES DE FRUTAS Y VERDURAS

Las frutas y verduras sobrantes o podridas todavía tienen color. Usalos para pintar esta página. Trate de no dejar áreas blancas.

MEJOR HAMBURGUESA

¡Esta debe ser la hamburguesa que supera a todas las otras hamburguesas que has probado! ¡Descríbelo en detalle y dibújalo como si te comieras la página!

PÁGINA DE CERA

Obtenga ayuda de una persona mayor
para encerar todas estas páginas. No tiene
que ser cera derretida.

RECOGER NÚMEROS

Recoge números de revistas, libros,
pegatinas, packs de comida, ropa... Tú eliges.
Simplemente llene las páginas con ellos.

NOQUEA ESTA PÁGINA CON RABIA

Libera toda tu ira en
esta página y luego
disfruta de la serenidad.

TU PROPIO MÉTODO DE DESTRUCCIÓN

Date

INTERCAMBIAR PÁGINA

Primero, deberá llenar las páginas con garabatos (tanto las páginas izquierda como la derecha). Crea una historia o simplemente cosas aleatorias.
Después de esto, RASGUE la página por la línea punteada y reemplácela con otra página del diario.

DIBUJAR UN MAPA DEL TESORO

CIUDAD DE LOS DEDOS

Usando tus dedos trata de colorear una ciudad,
Finger City.

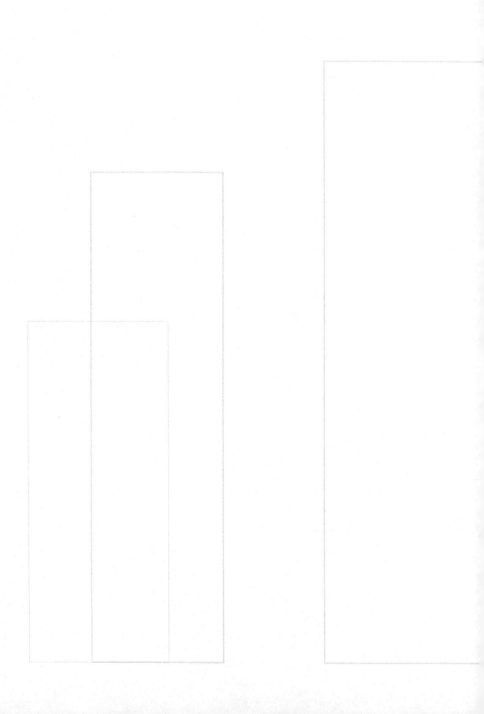

BUMPY BUMPY

Agregue objetos que podrían crear un bache en el diario.

CORTINAS

Haga esta página como le gustaría tener las cortinas en su ventana y luego péguela sobre la ventana.

AMIGO DESTRUCTOR

Préstale el diario por un día a uno de tus amigos para que pueda hacer lo que quiera en esta página. Puede imponer qué límites no se les permite cruzar.

PÁGINA DEL BOXEADOR

¿Qué crees que ve un boxeador cuando lo noquean?

PENSAMIENTOS FINALES

_____

_____

_____

_____

_____

_____

_____

_____

_____

_____

_____

_____

_____

_____

HE TERMINADO
ESTE DIARIO

DÍA

MES

AÑO

Las reseñas son el alma de todos los autores. Tómese un minuto para dejarnos una reseña. Escanee el código QR y lo llevará a nuestra página de autor.

Síganos:

Arte y diseño por Color Doe Smile

support@colordoesmile.com

Algunas de las actividades que encontrará en este libro pueden no ser apropiadas para niños sin supervisión.

Made in the USA
Las Vegas, NV
08 December 2023

82379422R00094